Made in the USA
Las Vegas, NV
26 November 2023

81527788R00088